I0803648

Animales asquerosos

Animales con hábitos asquerosos

por Katie Chanez

Bullfrog en español

Ideas para padres y maestros

Bullfrog Books permite a los niños practicar la lectura de textos informativos desde el nivel principiante. Las repeticiones, palabras conocidas y descripciones en las imágenes ayudan a los lectores principiantes.

Antes de leer

- Hablen acerca de las fotografías. ¿Qué representan para ellos?
- Consulten juntos el glosario de las fotografías. Lean las palabras y hablen de ellas.

Durante la lectura

- Hojeen el libro y observen las fotografías. Deje que el niño haga preguntas. Muestre las descripciones en las imágenes.
- Léale el libro al niño o deje que él o ella lo lea independientemente.

Después de leer

- Anime al niño para que piense más. Pregúntele: ¿Has viso a un animal haciendo algo asqueroso? ¿A cuál animal has visto? ¿Qué estaba haciendo?

Bullfrog Books are published by Jump!
5357 Penn Avenue South
Minneapolis, MN 55419
www.jumplibrary.com

Copyright © 2025 Jump! International copyright reserved in all countries. No part of this book may be reproduced in any form without written permission from the publisher.

Library of Congress Cataloging-in-Publication Data

Names: Chanez, Katie, author.
Title: Animales con hábitos asquerosos / por Katie Chanez.
Other titles: Gross animal habits. Spanish
Description: Minneapolis, MN: Jump!, Inc., [2025]
Series: Animales asquerosos | Includes index.
Audience: Ages 5–8
Identifiers: LCCN 2024004538 (print)
LCCN 2024004539 (ebook)
ISBN 9798892132848 (hardcover)
ISBN 9798892132855 (paperback)
ISBN 9798892132862 (ebook)
Subjects: LCSH: Animal behavior—Juvenile literature. | Animal defenses—Juvenile literature.
Classification: LCC QL751.5 .C4318 2025 (print)
LCC QL751.5 (ebook)
DDC 591.5—dc23/eng/20240229

Editor: Alyssa Sorenson
Designer: Emma Almgren-Bersie
Translator: Annette Granat

Photo Credits: uzuri/Shutterstock, cover; Eric Isselee/Shutterstock, 1; AaronPattison/iStock, 3; Shay Yacobinski/Shutterstock, 4, 23tl; Emma Weil/Shutterstock, 5, 23bl; Andrew Goodsell/iStock, 6–7, 23tr; Gluiki/Shutterstock, 6–7 (spray); Amitrane/Shutterstock, 8–9; FarinosaiStock, 10; Sari Oneal/Shutterstock, 11; NicoElNino/iStock, 12–13; Marek Mierzejewski/Shutterstock, 14–15; Richard Whitcombe/Shutterstock, 16; Ethan Daniels/Shutterstock, 17; John Cancalosi/Nature Picture Library, 18–19; aabejon/iStock, 20–21; Agnieszka Bacal/Shutterstock, 22tl; Hayley Crews/Shutterstock, 22tr; Dina Tantri/iStock, 22 (bottom); Vangelis_Vassalakis/Shutterstock, 23br; Vladimir Turkenich/Shutterstock, 24.

Printed in the United States of America at Corporate Graphics in North Mankato, Minnesota.

Tabla de contenido

¡Qué asco!

Los animales pueden ser asquerosos.

Ellos pueden tener hábitos asquerosos.

¿Como cuáles?

¡Averigüémoslo!

Una llama está
enojada.

Ella escupe.

¡Qué asco!

Un buitre come.

¿Qué?

¡Animales muertos!

¡Oh, no!

Una zarigüeya está asustada.

Se hace la muerta.

Ella apesta.

Los animales se alejan.

Una cría tiene hambre.

La mamá lo alimenta.

¿Cómo?

Le vomita comida.

cría

sanguijuela

¿Qué hay arriba de ese sapo?

¡Una sanguijuela!

Ella toma sangre.

¡Qué asco!

¡Mira!

Un pepino de mar.

Se le salen las tripas.

¿Por qué?

Para espantar a los peces.

Esta lagartija rocía sangre.
¡Se le sale de los ojos!
Significa: "¡No te acerques!".
¡Qué asco!

sangre

Los animales hacen cosas asquerosas.

¡Observa y verás!

¿Por qué hacen eso?

¿Por qué algunos animales hacen cosas asquerosas? ¡Echa un vistazo!

para estar a salvo

para comer

para alimentar a sus crías

Glosario de fotografías

asquerosos
No agradables o cosas que te dan asco.

escupe
Fuerza saliva fuera de la boca.

hábitos
Cosas que se hacen a menudo sin pensar en ellas.

rocía
Esparce líquido en gotas.

Índice

Para aprender más

Aprender más es tan fácil como contar de 1 a 3.

1. Visita www.factsurfer.com
2. Escribe "animalesconhábitosasquerosos" en la caja de búsqueda.
3. Elige tu libro para ver una lista de sitios web.